I0159939

Demasiado cristal para esta piedra

(Antología. Compiladora: Lucía Comba)

PIEDRA DE LA LOCURA

Colección

———————————————

Collection

STONE OF MADNESS

Rafael Soler

DEMASIADO CRISTAL
PARA ESTA PIEDRA

(ANTOLOGÍA. COMPILADORA: LUCÍA COMBA)

Nueva York Poetry Press ®

Nueva York Poetry Press LLC
128 Madison Avenue, Oficina 2NR
New York, NY 10016, USA
Teléfono: +1(929)354-7778
nuevayork.poetrypress@gmail.com
www.nuevayorkpoetrypress.com

Demasiado cristal para esta piedra
(Antología. Compiladora: Lucía Comba)
© 2022, Rafael Soler

ISBN-13: 978-1-958001-41-7

© Colección *Piedra de la locura vol. 16*
Antologías personales
(Homenaje a Alejandra Pizarnik)

© Dirección:
Marisa Russo

© Edición:
Francisco Trejo

© Diseño de forros:
William Velásquez Vásquez

© Pintura de portada:
Osvalso Sequeira
Título: *Ser humano*

© Fotografías:
Propiedad del autor

Soler, Rafael
Demasiado cristal para esta piedra (Antología. Compiladora: Lucía Comba) / Rafael Soler; 1ª ed. New York: Nueva York Poetry Press, 2022. 184 pp. 6"x 9".

1. Poesía española.

Todos los derechos reservados. Esta publicación no puede ser reproducida, ni en todo ni en parte, ni registrada en o transmitida por, un sistema de recuperación de información, en electroóptico, por fotocopia, o cualquier otro, sin el permiso previo por escrito de la editorial, excepto en casos de citación breve en reseñas críticas y otros usos no comerciales permitidos por la ley de derechos de autor. Para solicitar permiso, contacte a la editora.

A Lucía, siempre.

Los sitios interiores
(sonata urgente)
(1980)

ESTO QUE SOMOS

Espera, qué prisas,
para bibir contigo con una hora basta, qué digo, solo mirarte
      y el mundo
en este puño, je, así te quiero llo.

Y más. Hasta la nube más alta de las nubes
y luego más arriba, que no puedes mirar pero están, te lo
      prometo,
pájaros y nubes más alto de más de lo más alto: pues hasta allí.
Para que luego digan que somos pequeñitos, pequeñitos, je,
      y llo te quiero tanto supertantísimo
que siempre será igual, ya lo verás, como cerrar los ojos y ver
      un dibujo que tiene otro dibujo
que tiene otro dibujo
que tiene otro dibujo, pues así pero más largo: el infinito que
      nadie lo comprende
pero son la bola y una hormiga y la bola gira despacito
y la hormiga camina despacito

hasta que ¡zás!
la bola se parte con el paso de la hormiga tachán, el infinito,
fíjate, qué varvaridaz, miles de bolas
con miles de hormigas para querernos siempre porque la
      vida es nuestra
y nuestro amor también.

PASEO POR ARABIA

Pasa, me decían en la escuela
aquí llega robin hood con sus lebreles
peter pan escorado entre barbechos
crispín soplando las velas del navío
jim el pecas flash gordon supermán
y goliat

pasa pasa
no guardes celoso el revuelo de tus sueños
ni escondas el beso furtivo de sigrid
ni digas que el próximo domingo – sí,
te lo prometo –
volverá a sonreír desde el castillo
bellísima sigrid de nordenlandia

vamos, pasa;
y yo buscaba el último pupitre
y hacía la tarde a mi manera
ventana tinta y tiza preguntando
por fuegos amarillos que no habían
frotando su nariz en la tarima.

Aquí llega la espada justiciera del jabato
su brazo poderoso - ¡morirás
sarraceno, morirás! –
y las horas se llamaban geografía
duermevela dictado y prueba de los nueves

un halo de misterio ciñéndoles el talle
y el llanto de sigrid.

Morirás morirás decía el profesor
con la rosa de los vientos en la mano
¡peter pan, a la pizarra!
y yo salía del tintero pisando un logaritmo
y cogía la tiza iluminado
dispuesto a librar a sigrid del cautiverio
su túnica imperial cortando el viento.

¡A ver, el niño del tebeo!
¡crispín!
¡supermán!

Y así me olvidaba de los cromos
dejaba a sigrid en el castillo
y perdía mi tiempo con arabia
con el godo tristón de la tarima
y el libro de verbos y pronombres

conmigo mismo
aún tan supermán
tan robin hood, tan chiquitito.

¿VALE?

A Lucía

¿Vale
que yo era el capitán trueno
y tú sigrid de nordenlandia?
¿vale que la vida es un pañuelo
esta esquina donde tuercen las chapas
su línea boquiabierta de asfalto preñado
y de cristales?

¿vale que tenemos hoyitos en los dedos
que mamá se llama reina y la abuela
– tan silla de enea y tan oscura –
se pone el orinal en la cabeza?

oye ¿y vale
dime
vale que fangio nuvolari
jugamos a churro mediamanga mangotero
(tú segund yo primer ¡me lo pido
me lo pido!)
y a la vuelta nos echamos un partido
y luego la merienda?

¿vale que aún y todavía
no conozco mi destino
ni tienes los ojos con estrías
ni seco el lagrimal de tanta espera?

LOS SITIOS INTERIORES

He vuelto sobre mí, despacio,
con el firmísimo propósito de recorrer
la especie que me dieron, a solas
por el surco que va de mis espaldas a la frente
quiero decir
de la frente a mis espaldas, pues la recta
es la distancia más corta
entre dos puntos. (Contigo a un lado, prendida
de alfileres mientras mi barca
alumbra su luz a punto de la risa
y no es para reírse). He dicho
que más perdió el mar
por las enredaderas de septiembre
y sin embargo sigue, empecinado,
plantando su oleaje en brazos
que le aman. (Lo cual es inexacto
un juego de palabras
para sacar al mar de sus casillas
tan organizadas
mientras andamos al tiemblo de los astros
con la rosa de los vientos averiada
ya sabes
el círculo aquel de norte al norte
y sur donde el verano). He dicho
también
que días vendrán sin tanta lluvia
ni tanto desconsuelo

más a la manera que solía mi otra voz
cuando el pájaro
el río
y tu sandalia. (Aunque no llueve, y el río
desbordó su alameda hace mil años
y no sé de sandalias ni conozco la huella
que dejan fugaces en mi nombre, primero
un paso y luego el viento las convoca
en otro continente).

He dicho fuego en las entrañas
y absolutamente falso que el fuego prenda
en las entrañas. (Una imagen, versazo
que escapa a mi control y vale,
pues son mis entrañas el único camino
la línea dura y breve que no termina nunca)

He dicho
que no quiero decirlo
aunque la noche insiste y tú sonríes
desde el fondo oscuro donde habitas
besando la roca repetida
fugaz
y mía.

EMBAJADA DE INVIERNO

Yo soy el mismo, pero más en ti,
a la manera de mayo y su cuchillo;
tenía yo esta voz que ahora funde sus acentos,
y esta frente alta
y el renacer de huesos
cuando hacía la ciudad
y te buscaba por andamios y estaciones,
era otro tiempo: teníamos la fuerza
que ejerce ese dominio regalado de vivir
mientras el cuerpo aguante
y no suba la fiebre demasiado, porque también;
teníamos – digo – la misma fuerza
del prado en la ventana,
del prado y la ventana,
del prado, que siempre estaba allí
haciendo verde el día para que un niño pisara
la merienda de las vacas
tan útiles al hombre y atadas al paisaje.

Y soy el mismo. Con la voz
sin estrenar, y el pecho a dos palmos de la tierra
tuyo ahora como entonces;
y tengo
un largo historial de soledades
y una pluma vieja que espera todavía su poema
y un sombrero
y un trozo de papel que dice mayo, y estamos

en noviembre; tengo
el mismo frío mordiéndome los labios
y el redondo pulgar con que tapaba el beso
y la zancada
y mi estilo de hombre triste que sabe lo que quiere
y mi duda
y mi solapa.

Así que soy el mismo. Pero más en ti
vistiendo de luto a las palomas cuando su vuelo
se hace insoportable
sentado como siempre en esta plaza nuestra
que no me reconoce
ni parece dispuesta a levantarse
para invocar tu nombre.

DISCURSO DEL REGRESO A SOLAS

Del tronco aquel, de mis caminos,
quedará un soplo de hiel,
viento del norte que llaman tramontana;
quedarán las voces olvidadas
la escueta sombra de mi higuera predilecta
pálida de soles
temblando de abandono su tronco amable y viejo
cuartel general de la merienda
y paz a los malditos
que osaron robarme los tebeos.

De aquella tarde
vestida de anguilas y de cañas
quedará
el leve trozo de un paisaje,
la charca que habitaba el caracol
hasta septiembre
plantado en su roca submarina
(y luego moría de sal y de tristumbre).

Del mero y su pupitre, del blanco revuelo
que ataba la trenza a tu vestido;
del frío, que nunca llegaba por las noches,
del alacrán temido, abominable;
del bañador (y era tu piel la que quería)
del beso tapado con la almohada
y dentro del bolsillo,

de aquel amor inmenso
quedará
esto que somos, lo que vuelve.

Y sin embargo, *remember*:
el pájaro, las barcas,
tú,
princesa,
habitantes del mundo que he perdido
viviréis para siempre bajo llave
atentamente míos.

CANTO A UN GRILLO VIEJO Y MÍO

Esta es la prisa por volver
encontrar tu cabellera haciendo siesta y tarde
tiempo para contar la hierba donde habitas;
¿a quién le importará la inmensa largura
de tu canto? ¿quién supo de ti
para alabarte?
                     estabas allí
en soledad sin estrenar
pendiente de la tarde que volvía
sumisa a tu corteza,
¿a quién le importará si sigues en la higuera
tristón
hecho unos zorros con la paciencia cubierta
de intemperies? ¿quién eres tú
para comprar ningún destino, ver al hombre que soy
aunque no puede?
                  traías a tu espalda
el corazón de agosto y la prueba de los nueves,
la lucha por hacer de cada avispa un cementerio
y el pez que reía en su escollera
– erre que erre –
sin acordarse nunca de nosotros.

Ahora tengo prisa. Y llevo dentro
un viejo cordel por si me sirve
la pluma y mi navaja para verte.
¿Quién dijo que habría otro verano, que

nunca nunca nunca seríamos mayores?

                                                    tú

gruñón de soliloquios
guardabas en las cañas lo que viene, esto que es,
y la lluvia mojando mi infancia desde abajo
para borrarla mejor y para siempre;

                                                    tú

 filibustero
tramposo jugador aventajado
cantabas para mí un réquiem de leyendas,
picabas mi costado y luego, entre la rama perdida
de un tebeo, limpiabas tu llanto
de grillo prematuro: sabías como nadie
que era la muerte del Jabato,
mi última batalla cosida al calcetín.

Y ahora tengo prisa. Porque los grillos
entérate, sabelotodo,
se mueren despacito, entre dos años,
con su bastón de anís y su mochila.
Al sol, como querían.

TORRE AMBOLO

Te vestirán, como a nosotros, de palabras amables
y golpes en la espalda, de merecidos elogios
a tu esfuerzo y aburridas palmeras
útiles y frías; cubrirán tu osamenta
de promesas, y con solemne pulcritud
irán clausurando patios interiores, sombras,
siluetas que tú bautizaste confiada.

Llegarán, sí, con la falacia puesta
y un suicidio colectivo rezumando
su innoble faz de ajenos visitantes.
Te besarán. Y el vómito que sientas será mío
y la lágrima que moje tus recintos
arderá allí donde perdí la piel
por subir y acompañarte.

Después, cuando decidan el mar y su sonido,
cuando las barcas limpien su espinazo
y agonice el lagarto en la sentina
huérfano
desmadejado
con la alta soledad de las gaviotas;
cuando el último mero abomine su infortunio
y el sargo despida a los erizos
y la bitácora de siempre solloce
con el estilo viejo de los libros,

entonces, torre mía,
erguido
transparente
beberé el zumo solar de tus heridas.

ESTRUCTURA DEL MAR

¿Y quién dijo que allí
tumbado el horizonte por un piélago de nubes
el mar era otra cosa?
¿quién dijo que apenas una línea,
una quimera de salitre y aguardiente?

Atado por tiempo que son rocas,
cubierta su piel de húmedas estelas
el mar se aprisiona de recuerdos,
huye escandaloso por quicios diminutos
y brota
renacido
en la quilla azul de un navegante
y en la voz airada del poeta
que busca en las velas su consuelo;
y allí
con un tráfico de sal inspiración y desafío
el mar regresa a sus orígenes
se vuelve escollera
barlovento
tramontana
sacude su espuma solitaria
– y sombra de abismo cauteloso –
convoca la marea
atusa el oleaje
se pierde con mimo de novicia
entre las barcas.

¿Quién dijo que el agua prevalece
que voces submarinas se quiebran
a su paso?
El mar es una esfinge
un tálamo de rosas
que aguarda paciente su destino
(un niño pregunta por su nombre,
un faro parpadea y viste su pupila de gaviotas,
el aire se renueva
el viento crece
la mar pasa de largo como siempre).

¿Quién dijo que nunca golpea la memoria
que alegre resucita si lo llamas?
El mar es un pacto con los dioses,
un tiempo encaramado
pertinaz
que asola sin remedio mi laguna.

HAY QUE SER LO QUE SE ES, O NO SER NADA

La vaca es un animal doméstico
que sirve para cosas importantes
como llenar los campos
y los cromos
y las portadas de los libros. Luego
(tinta, palillero, deber cumplido con las
vacas sagradas de la escuela, rayito
de sol en la ventana, patio
al fondo del pasillo y lejos
el recreo) vivir
era sentarse en el banco de madera
escuchar al profesor que no sabía nada
decir ¡Aníbal! y en voz baja llamar
a supermán - ¡qué aburrimiento! – para volar
con él olvidando la tarima, el dos de mayo,
venid y vamos todos, pero tú no.

La baca es vuena para el onbre,
y el hombre dormía los jueves por la tarde
cuando el cine
fila doce para soñar despacio
y descubrir en la pantalla una boca submarina
labio fértil que turbaba
la paz de saberte el primero de la clase
y diez en religión.
La bida estaba allí, cartaginés,
cruzado valeroso que lanzaba su chapa

como un rayo -¡toma ya!- y
la foto de gainza guiñaba al sol de octubre
cristal y cera a mil por hora
de campeón europeo universal,
ese eres tú.

Vivir era una estampa de Churruca
el rosario más líbranos del mal a media tarde
vivir
era morirse de una vez y para siempre
galopar tachán tachán por la pradera
subir a lo más alto, cuando
un día
-todavía pequeñito, je, pequeñito-
la encontraste
sonrió
el mundo se hizo una bolita
de guapa
de reguapa su pelo sigrid de nordenlandia
que varvaridaz
estoi enamorado.

Maneras de volver
(2009)

SE NOS APAGA EL MUNDO
(Cine puro)

Exterior día
paisaje con manzanas

plano general que muestra casi todo
menos tú

ruido de voces que se acercan
con un eco lejano de cascos de caballo
pájaros también en una rama
que no merece el viento

en el centro de la imagen
dos hombres pelean con espadas por su vida
todavía sin deudas ni títulos de crédito

y en las butacas numeradas siete y nueve
pasillo central y terciopelo

lento zoom con música de piano
mientras abres descarada
el pan de la merienda y de tu falda.

CATA APRESURADA DE SILVIA ELIADE

Golosa balsámica envolvente
fresca en nariz fruta roja
con un recuerdo final de monte bajo
de nuez moscada y juventud perdida

Silvia Eliade
tres días en caserón de roble
con Jacuzzi frente al mar

cosecha del ochenta y dos
reserva ducal

ávida boca
para tu dulce cuello embotellado.

UN POCO MÁS DE ELLA

Inventa un ángel y cédele tu asiento
a la hora del Martini y de las prisas
en esta plaza con más bancos que palomas

busca luego un nombre adecuado a tu impostura
y escáncialo con devoción sobre su pelo
evitando una caricia que rompa el sortilegio

disfruta así el instante que brinda tu osadía
y no obras el periódico ni consultes el reloj
dos hábitos tristes y fuera de lugar
ante un escote de alas blancas que te observa
con la atención de quien afila un lápiz
y cortés alza las cejas cuando al fin se descruza
con esa lentitud que solo tienen ellas

quizá se llame Lola tiene un lunar una bufanda
y no volverás a verla nunca.

LVIII

Yo no traje los acantilados
a este páramo de sangre

ni forjé las noches de tormenta que me dices
ni puse viento
en la acerada mies de tus entrañas

yo no elegí ser el primero en navegarte
y surcar tu cuerpo cada noche como un río
bebiendo amaneceres que no me pertenecen

yo no subí las cimas coronadas de tu cuerpo
ni bajé a sus profundidades

yo no busqué la deriva de tu sueño
ni tengo cien años para darte

yo estaba en mi camino
sentado con la tarde
y tú pasaste.

DESDE TU CORAZÓN DE AYER

Así cruzamos juntos
las solemnes avenidas y los campos
los anchos días plenos y los años miserables
la fiebre y sus salones

sin caer en la cuenta de tus cuentas
y el futuro más cerca del pasado
cuando entiendas que la vida que te falta
es entera la vida que me has dado.

EN BUSCA Y CAPTURA DESDE ANTAÑO

Cuídeme el Todopoderoso
desde su palco por horas reservado
de cuantos quieren mi bien y lo alimentan

líbreme Ése que nunca baja a visitarnos
por razones de Estado
sin tener en cuenta nuestro estado

Ése al que llamo que no llama
según dicen bien dispuesto
en todo caso ausente

Ése el que sabe líbreme
Ése el que ignora cuídeme

desde su rincón celeste
en el valle feraz
de los desaparecidos

de tipos como yo

en un mundo de certezas
viviendo con su Duda.

DE TODOS LOS RECUENTOS

Yo escribía entonces versos falsos y rotundos
y en las horas peores del licor espeso
la ciudad era otra piel donde envolverme

fueron años de apenas unos meses
que iban de paladar en paladar
y boca en boca
susurrando el misterio

un palo y un sombrero
bastaban para transitar el día
y el polvo de mis botas rezumaba
el jugo prohibido de algún lugar de África
tan cerca de los naipes
que mi lengua de trébol no dormía

y atentos al capricho
de un corazón desabrochado
en mi cuaderno caían
los olores robados y las citas

un cuenco de sal era mi hogar
y una paloma mi única vecina

después llegaron otras
con un hacha en el pico tatuada

vestían de gris eran adultas
y pronto me ofrecieron
un empleo estable
y una deuda letal con avalista.

CONSTE EN ACTA

A quien corresponda lego mi petaca
mi manual para perder al póker
y los zapatos que compré en París
y que todos los viernes me abandonan

a mis deudos
el cortés beneficio del olvido
a Lucas otra ronda
al notario que hizo acta y mantel
de mi inocencia
el curso de alemán de tapas verdes
y contenido inescrutable

a la Bolsa disculpas
a mi orilla los pies que necesite
para aliviar el luto

consuelo a mi butaca
y el nombre que no puse
al río que nació conmigo

lego mi tos y mi dieta
al primero que aparezca

y a mis tres hijos la lluvia

para que crucen indemnes el otoño
y sus besos de agua
repentinos
limpien de tristeza
la frente de los cuatro.

NO SE DETIENE LA MEMORIA

De ocasiones perdidas los bolsillos llenos
a componer tu hacienda vienes
con la calma suicida del que tiene
un pacto de honor con su verdugo

las manos por el tiempo de escarcha tatuadas
en blanco tu cuaderno donde anotabas todo
curtido el corazón en la intemperie

y sabes
que la vuelta a cuanto fue es imposible
que ahora la lluvia se viste de ceniza

y que el bastón de mando
antaño bienvenido
es hoy el palo con que ahuyentas
a los gatos que tus entrañas crían

monarca de lo poco
y señor de lo que queda en nada.

NINGÚN PRECIO ES TERRIBLE

Si tu vida no cabe en una vida
redacta un testamento prematuro

ordena los besos que has perdido
y desanda la fila que conduce
a cuanto tiene de honorable la rutina

busca el cofre donde cabe casi todo
y déjalo atrás en su abundancia estrecha

y que la vida en la pantalla siempre sea
la vida en la butaca que te espera.

ENTRE MIS SÁBANAS DE PIEDRA NO TE ESPERO

Hubiera preferido un final con manteles
                                                    desplegados

Fellini por ejemplo y un río haciendo de frontera

por pedir y poco pido
que un golpe de viento me derribara un hombro
y caer al fin honestamente al encuentro
                                                    de la tierra feraz
entero el labio y haciendo las hormigas comisura

un fin como se ve
de los que bien merecen
una historia contada al salir entre murmullos

el cuello del abrigo levantado las butacas tibias
cada pie al encuentro de su lunes

y John Fitzgerald Kennedy
la voz de Marilyn en blanco y negro.

SIEMPRE EN LEGÍTIMA DEFENSA

Permanezco en el hielo a solas con mi espalda
una barca avanza entre olas de sal
y un único remo discute todavía con el agua

tengo tiempo
para inclinar la cabeza basta un hombro

y con dos puedo alzar una muralla
ser fiel y colérico

salir en las fotografías

alguien mira
crecido en la violencia
de mi habitación sin luces.

ESTO QUE PIDO TIENE UN NOMBRE

Que el último en morir no se quede por favor
                                    entre nosotros
de pies a la cabeza vestido con su luto
y su mirada puesta en un silencio que hasta la lluvia
                                    ignora

que se vaya pobrecillo con los suyos
también anticipadamente oscuros
sus almas al borde del naufragio y los zapatos sucios

que de a tres hacia las nubes salgan
y en un portal con niebla busquen su escalera
tomando posesión de cuanto falta

hasta la resurrección dicen de la carne
el perdón quizá de los pecados
y la vida eterna en todo caso.

AHORA QUE TODO ME RODEA

Para darme aquí la vuelta
necesito más espacio

una cadera por ejemplo
y un codo obediente que resista mi empeño
tan fuera de lugar y tan hermoso

dos vértebras quisiera del esternón a los talones
y qué será del esternón
y a dónde fueron los talones
tan altivos y de estreno con Aquiles
pero yo no

salir de mi quisiera
entre dos vértebras y un codo
hasta cambiar definitivamente de postura

despacio y sin resquicios contra el mármol
en busca de mi cuerpo y de tu abrazo.

ÚLTIMO

Más sabio es el silencio
por esperar su turno
en este cuaderno donde habito

con un diente daría testimonio
un brazo y volvería a ser sensato

un hilo de luz para volver y volvería.

Las cartas que debía
(2011)

NO ME GUSTAN LOS BOMBONES DE LICOR

Ni esa revista con un deportivo en la portada
ni las fotos del último verano
ni la palabra esperanza cuando habla
de las veces que no pasa lo que pasa

no me gusta contestar a la pregunta
que nadie más pregunta por si acaso

ni vosotros

bienvenidos bien vividos tan atentos
tan dispuestos a pasar la noche en vela
con mis tubos de espanto numerados

porque no tenedlo claro
no encontraréis mis sábanas vacías

no pasará.

ENSAYO GENERAL CON VESTUARIO

Un escenario extravagante y ruidoso
tan cerca del mar que todos los erizos
quepan en un palco

un escenario en todo caso
con seis batas rodeando una camilla
un cenicero pletórico de culpas
y un adverso buscando a su contrario

un escenario pues en consonancia
con la vida de estreno que hoy acaba

en el centro

una ausencia clamorosa
un presente y su mirada ausente
un extraño de paso emocionado

un pantalón vacío y una blusa con historia

un monje si procede
un suspiro en busca de su luto
todas las lágrimas que dicen ser pacientes

y la palabra perdón en voz bien baja
resonando en el patio de butacas.

ESTE PASO QUE TE LLEVA CON LOS OTROS A SU ENCUENTRO

Estás entrando quedo
con manifiesta tristeza
con laudable pudor
acallando la estridente comezón
de los silencios nuevos

estás entrando
has entrado en la recámara
conmovido y solemne
de piedra tus zapatos los suyos verticales

y un dedo pones en sus labios
invocando el silencio tardío que clausure
su último reproche

las manos sobre el pecho recogidas
una cruz de luto entrelazada
y la certeza de que todo terminó

que ya por fin descansas.

RESERVADO CON PERMISO EL DERECHO DE ADMISIÓN

Y allí
desalmados incapaces macilentos

Carlota
y su boca de baba bien teñida

Alberto
derramado de hombros y de sangre
en los ojos un pasillo interminable

Luis El Justiciero de lana su navaja
un error amarillo que supura su desgracia

y Tato El Viejo que te aguarda
Tato el que mira toca y saca

todos contigo bien hallados y a la espera
de un gesto que delate tu infortunio cuando llegas

y tú cómo te llamas

sonríe feldespato el celador

Daniel
Daniel de los siervos con permiso

Daniel el que cierra los postigos
el que habla con espuma cuando aúlla

Daniel el de las chispas incorruptas

soy blanco soy lento
soy con permiso serenamente catalejo
y traigo en un cubo medicinas.

NO LO LLAMEN, POR FAVOR, HABITACIÓN CON VISTAS

Un cuadro con olas
y el espejo que refleja enfrente
las olas atónitas de un cuadro
con el espejo enfrente

una mesa pequeña
fiel a su postura ingrata

un árbol que solloza
con un pájaro asomado a su desgracia
y somos dos los pájaros

una corbata con sarna
una percha que no baila
cuando baila

y esta llave de estiércol
que me guarda.

DOS CARRERAS PARA ESTO

Del banco a la escalera con un sobre
para ella

una joven risueña desenvuelta
que se alza presurosa del asiento
en colores una blusa con sus pechos
saludando a mi paso blanco y negro

ignora que quien habla
fue martillo de infieles en la lejana Ámsterdam
atleta preolímpico picador y guardaespaldas

ahora duermo con un sábado
controlo cada grifo
paso lista trago

y si suena el teléfono bisiesto
me levanto impasible de la siesta
y siempre carraspeo al contestar la encuesta.

PARA UN ACTO FINAL SIN VEREDICTO

Oscuro

ruido de cucharas y de ancianos
las primeras a lo suyo
los segundos a por ellas

en la mesa un solo plato
una raspa de salud a compartir
y un retrete vespertino

ruido de cucharas que golpean
y ancianos que pelean

un neón que pide calma
y apagón definitivo.

PISO NUEVE, UN BALCÓN Y ZAPATILLAS

En la boca
un sabor sacarina despedida
contemplando con el viento los manteles
las camisas una escoba
tanta vida

tanta prisa por dejar lo que no tienes

los ruidos del verano y otro paso
de cintura para arriba cuesta abajo

cuesta tanto

en los ojos preparada la caída
y en las manos con tus manos sólo manos
cuando pisas el vacío sin llamarlo.

A TI, QUE SIEMPRE ME SOMETES

Se empieza por ser dios
a ratos libres y a deshoras

y alzando un Dedo
como alzan los mortales
su condena

darse un gusto

tener pongamos un antojo
digamos si es el caso
crear el mundo con un Par

ya por siempre majestad
supremo hacedor del universo
en Tus brazos nuestro peso
que pesa designado

tan distinto
a tus fines de semana en libertad
creando una montaña
para la sombra Tuya

irresponsable en tu holganza
de siglos venideros

y ahora paternal pendiente
atareado

por culpa de nosotros
y tu Dedo.

TODO CUANTO LLAMAN NOSTALGIA COMPARTIDA

Un collar de perlas
para anudar tu cuello con el mío

un lunar a lo Casilda un poco más abajo

una nalga hidráulica que todo lo permita
colmando inexpresiva mi apetito

una media celeste
un pezón al que no asuste su abandono

y una falda trágica
izada a más de más de lo más alto.

NO TE ACOMPAÑA NADIE EN ESTE VIAJE

Haz lo correcto
aunque sea alto el precio
y cruel su veredicto

haz lo que debas

y a nadie debas nada al concluir tu obra
por arriesgada tuya
por tan hermosamente inútil sólo tuya

con decisión actúa
y con templanza rectifica
para tomar impulso

atrás
el consejo enrevesado
atrás la amenaza consentida

vivir es decidir
y todo error es tu grandeza

pues sólo cuando llegas
das por cumplido lo vivido.

UNA VIDA AUDAZ

Conocer la diferencia
entre uno y cuatrocientos

entre vivir por una vez entero y ser vivido entero
entre la duda justiciera y la justicia de una duda
entre dar cuanto te piden y pedir por si algo dan

jamás pisar la raya

no beber tan sólo un vaso
cuando vienen a la mesa los contrarios
los amigos los extraños

tener unos zapatos un sol y su recambio

hablar si no queda remedio
guardar en un cofre los consejos

y así cabal vestido
entre la espada y tu pared
inmanejable austero firme honrado.

CUANDO TU ÚNICA CERTEZA ES EL INSOMNIO

Sé fugaz
y coge entre tus manos cuanto estalla
para efímero buscar
de la primera noche el último rescoldo
dejando para otros la fortaleza insigne
la rotunda vejez interminable
el hábito de amar a las renuncias

y en plenitud porfía

luciendo con orgullo cada herida
pues siempre vivir te costará la vida.

ELOGIO DE UN TAJO EN NUESTRO CUELLO

La tristeza es un don malentendido
un mariscal a cuya voz famélicos se alzan
los puños que enarbolan un sudario piadoso
para el sueño de ayer hasta mañana

la tristeza es un charco a cuya orilla llegan
en busca de consuelo los suspiros
y aquel silencio oscuro que habitó entre nosotros

la tristeza mide exactamente lo que mide
del suelo a las ausencias bien plantada

y pesa los domingos la mitad.

EN ESTE ATARDECER DE PLATA Y FRÍO

Dícese piel a la envoltura
que aleja de nosotros la certeza
de tanto hueso extraño

y armadura al edificio donde cabemos todos
ese albornoz que nos suplanta
a la hora de abrazar al amargo cuando viene

dícese piel armada y leve
la que desnuda ofrece cuanto tiene
y piel escasa esquiva la que pone
un mantel para dos en otra parte

y hacer de tu piel una armadura
sin un lugar al sol donde quedarte
de fiel pellejo y caballero armado
dícese error solemne error
el diccionario dice.

HA LLEGADO LA HORA DE NOMBRARTE

Dame la luz que me quitaste
para ponerla con un misal en tu mesilla
es mía y te lo exijo

dame los brazos
que tanto necesito para otros

devuelve por favor
la entera mitad de mis afectos
que siempre se enfriaron en tu boca

y si lo estimas oportuno
por tu descanso eterno y por el mío
dame el perdón que no te pido.

Ácido almíbar
(2014)

PARA QUE NADIE OLVIDE EL TAMAÑO DE SU MIEDO

En un sueño caben todas las palabras
que nunca pronunciaste
y el decoro de haberlas olvidado
cuando se hizo la luz

niño crucial
mujer al son de todas
joven almado con estatura suficiente
hombre que nace en su coyunda fértil
dispuestos a vestir la carne que les llama

pues todo empieza ahora

en la axila un trueno
en la boca cien semillas precintadas
en la espalda liviano el peso de su nombre

y abajo
zurcido el pantalón
junto a la pelvis anhelante
alzado en su escote el pregón de las discordias

un fruto escondido
una espina crucial enarbolada
un testimonio accidental definitivo

tú a la espera
atónito de hombros
todavía inguinal superlativo
en el caldo nutricio que te acoge

pues todo empieza ahora

y siempre será el silencio la única respuesta
cuando proclames exigente

que el aire que respiras
las manos con que amas y el cielo que te cubre
son tu manera de estar alzado entre las cosas

que sólo para ti
futuro perdedor de cuanto tienes
fue trazada la dimensión del agua
y el espanto azul de la estrellas

pues todo empieza ahora

aunque lejos resuene indiferente una carcajada
al comprender que apenas fuiste
un liviano envase desechable
burbuja que por brillar estalla

una costura
en la arpillera universal del frío.

¡LÁVATE LAS MANOS!

Atento a sus cachorros numerados
padre hablaba de lacónicos sucesos

la caída del dólar por ejemplo
y el enigma pendiente de la luna de Mercurio
más alta que nosotros en su tristeza crónica

escanciando con vino y gaseosa
noticias prescindibles
apocalípticos desmanes de la fiebre
la aflicción que causa siempre lo perdido

escuchaba el reloj con su campana
escuchaba madre en la sopera
escuchaba el hule bajo el lino

a tenedor alzado
enumeraba las bondades del potasio
el pasado sustantivo de las truchas
los cinco punto cardinales que nacían en el sur

y su papada arzobispal
su labio de acero clausurado
marcaban para todos la distancia

camaradas de andén
pintábamos entonces de vainilla

la pregunta que nunca hicimos entre todos
por si acaso

discutía el reloj con su campana
suspiraba madre en la sopera
nuestra voz bien tapada con el hule bajo el lino.

PROHIBIDO CORRER POR EL PASILLO

Abuelo bebía a sorbos lentos
aguachirle de coñac y manzanilla
un caldo raro para un pueblo sin ventanas

y recién amanecido amanecía
de moscatel vestido con una chispa encima

cordial y entrometido
jugaba como un dandy al dominó
blasfemaba cuando el viento fumaba su tabaco

sabía de putas y de erizos
y jamás se dejaba acompañar en los domingos

un verano se clavó un anzuelo
en otro le clavaron un desplante
y el tercero lo pasó desprovisto tiritando

en legítima defensa de padre no me acuerdo

pero tenía boca y dedos
sopló los noventa con sus velas
y dicen que amaba en la distancia a su manera

un verano me clavó un anzuelo
otro le clavé un desplante

y el resto lo pasamos dicho queda
solitarios enfrentados tiritando.

DESPRENDIMIENTO INDOLORO DE UN CERCANO TÓXICO

El amarillo es algo más que un indicio hepático
o el jubiloso corazón de un girasol en llamas
o la camisa de agosto para el trigo

hay tipos amarillos
como hay bancos cargados de intención
y naves vacías de interés
y préstamos a ciento veinte vidas
que no se cobran nunca

tipos de tersa faz sin una greña
hidratados solventes decididos
y amarillos

tipos en suma a su manera dialogantes
uncidos a un reproche como otros a la nieve
tramitadores de afectos calculados
hereditario el beso
parca la saliva

tipos solidariamente amargos
decretando la expulsión de los ausentes
en la boca ortogonal una sintaxis
que nunca dice *toma*

faltos de lumbre
fingirán el entusiasmo con que nace la sed

aunque luego se desfonden al conocer el agua

y severamente tóxicos
recibirán un día tu saludo en navidad
su lengua de membrillo desconchada
y sus hombros con espalda a tus espaldas.

MUJER CON UN PANAL AL FONDO

Cada abeja en su bondad extrema
escribe con el canto un apego a sus alas
para alzarse y comprender la dimensión del aire
como hace el náufrago al engullir voluntarioso
el agua que separa sus bronquios de las algas

toda abeja madruga si es el caso
listas para el hambre las antenas
palpitante el élitro converso

atenta siempre a su labor cosechadora
su frágil equilibrio ponderado
su lugar en ese pánfilo azul
que llaman horizonte y somos todos

pero esta mujer sobresaliente
atento el rímel a disfrazar su angustia
que dice ser hogaza partitura postre cereal
argumento de un duelo con pistolas

esta mujer que tuvo lo que tiene

la matemática
la joven del violín
apuradora de versos con ginebra
imprevisible entonces al son de una bachata

pasea por su rostro el dedo anular del desamparo

evoca desprovista
la imposible ternura del pezón en retirada
los aledaños benignos de un vientre devorador y astuto
la brújula que sus pasos empuñaban para evitar el norte

y ahora tirita en su final
en busca del enjambre que unos llaman vida
y los desesperados portal de la misericordia

porque
todo dedo admonitorio
todo escrutinio supuestamente inofensivo

toda invectiva amenaza pústula
sacramental divorcio

cualquier afirmación solemne
exclusión en apariencia maliciosa
augurio semblanza devastación urgente

caben en un cucurucho blanco

toda flagelación en su disculpa
toda muerte en su envés
toda paz en su derrota

y todo abrazo pendiente en la palabra *nunca*.

BASTABA ENTONCES LA CINTA PARA EL PELO

Para empezar
un perfume de lluvia
en el cuenco de tu axila

y todo el carmín que necesites
al esconder la boca

en el espejo
atentamente tuyo
un rostro cerrado por reformas

rímel también profusamente
dejando en abanicos
los párpados celestes del asombro

polvo de oro en la barbilla
masaje lunar en cada arruga
brochazo de nieve al corazón

y un aplauso templado
a esta nueva belleza aproximada
boceto de quien por tener retuvo

voluntarioso perchero con hombreras
para un piadoso requiebro
cien por cien algodón.

UNA DERROTA COMPARTIDA ES SIEMPRE LA MITAD DE UNA VICTORIA

Por separar mis piernas baobab
a menos veinte llegas
con tu aliento amoniacal
y tu culebra verde

a menos cuarto
tu decir oleaginoso
varón estricto que por mirarme explora

a menos diez
mi rendición de hembra

y a las en punto dos comas suspensivas
dos cuerpos que dóciles se entregan
antigua soledad sin cauce
yuxtaposición del tedio.

NO ME TIRES DEL PELO, POR FAVOR

Ni abras instantáneo la colcha
ni des al entusiasmo tu hueso elemental

depón el calcetín
haz lumbre con las manos
ensaya si te place un ruego inofensivo

a cuerpo lento vengo
a cuerpo lento llego
y a cuerpo lejos quiero cocinar tu prisa.

COSAS QUE NO SABES DE MÍ, Y QUE TE CUENTO

Empezaré por lo obvio imperativo

he vuelto a fumar profusamente
a beber de peluquero en peluquero
a quedarme sin ti porque apareces

aborrezco París
soy otra en la ducha cuando canto
la de siempre al comprarte una escarola

tiemblo poco

y no me gustan tus finales con aplausos
ni merendar desnuda

pero mira
todo irá bien
hasta ese día que agazapado espera
en que cambie noctívaga tu asalto
por una pizca triste de chocolate amargo.

DONDE DE NUEVO NACE TODO

Hay labios que no navegan nunca
y hacen del beso su frustración primera

labios tardíos de algas coronados
con la conciencia limpia para surcar el hielo
echando a los amantes por la borda

y hay labios de universal dominio y pleitesía
labios tijera así desdén para otras bocas
que hacen del carmín un estandarte

labios caimán
que besando culminan una historia
y por besados recuperan su decir bibliotecario

labios vudú amor como los tuyos
enteramente ciegos
de muda voz y mano laxa
para abolir al teutón que llevo dentro.

GUÍA PARA UN LECTOR NECESITADO

Como al descuido avance
hasta el verso noveno donde dice

final feroz del que se marcha mudo

sin preguntar por qué pues no conoce
su íntimo motivo

y acaba de llegar a este poema
que ahora es todo suyo
cuando lea

final feroz del que se marcha mudo

usted no sabe todavía
el nombre y la estatura del sujeto
la última razón de su desplante

intuye un eclipse indeseado

y se pregunta qué esconde la palabra feroz
feroz precisamente
precisamente mudo

resista

no aparte los ojos

ni busque consuelo en el tabaco
ni evoque temerario
un rostro difuso en su memoria

este poema es solo suyo

y nunca hablará se lo prometo
de quién tanto le amó y poco tuvo
hasta marcharse un día

desprovisto de usted
feroz

y mudo.

TOMA BUENA NOTA, Y CALLA

Y tú
benéfico pardillo
¿vives como hubieras querido vivir si te dejaran?

¿qué quedará de tu cuaderno
dentro de seis años de diez o de cincuenta?
¿tanto tiempo te queda para tallarlo a tinta?

¿no hay suficiente texto impreso en las pescaderías
en las páginas salmón que Lucifer confunda?

¿no disfrutas con el ocio compartido
las aceras y sus piernas?

escribo
porque cuerdo de atar estoy que vivo
y soy apenas lo que he sido
el otro que en silencio habla

y al que escucho cuando escucho sorprendido

ESCORZO DE ANCIANO A LA INTEMPERIE

A buen precio el medio kilo de honesta zanahoria
su huella ignominiosa dejando en los baberos
la renuncia de sabores cumplidos con la edad

textura por ejemplo de nísperos y vino
paladar de frambuesa en la terraza
titubeante oblea
postre fatal

más barato todavía
el olor a detergente en el pasillo
renqueante su fragancia entumecida
funcionario y cumplidor cuando enmascara
fumarolas de orín bullendo en los pañales

y dos por uno atento tienes
el tacto sudoroso de la felpa
que hacendosa en tus rodillas viaja

de saldo
cliente aventajado
un ruido con asma silencioso en tu sordera
tan distinto a mi música de piano

y gratis
completamente gratis

un martes buscando en las esquelas
y una sonda amable a tu nariz prendida

te mataría amor por haberte suicidado.

UN TANATORIO QUE SE PRECIE VIVE SIEMPRE EN LAS AFUERAS

Y allí organiza sus asuntos
recibe lapidario a los novatos
pasea su lengua de mármol por la frente desvalida
del que llega más corto de prisa que de culpa

en su fachada
un rótulo discreto que anticipa
la hambruna de diez salas numeradas
cada una con su espanto y su cautela
su terca soledad definitiva
su tabaco compartido entre suspiros
su cirio para el sueño su rumor y su ceniza

dentro
recogido en su tristeza
transitorio elemental y ventilado
el que a todos convoca inoportuno

y a la distancia de una esquina
una barra con voces y aceitunas
para aquellos que brindan en voz baja

por la vida.

JUNTANDO OJO CON PIEL

Finge dormir
finge que finges dormir
finge si quieres que fingiendo dormir
pospones el tiempo que no queda

que usurero de ti
no alzarás en su rincón la lengua
por una cautela elemental

después vendrán los carroñeros
diligentes y sabios
a su pico de estaño encaramados

y la muerte dejará de molestarte.

No eres nadie, hasta que te disparan
(2016)

LA FALSA PULCRITUD DE LOS ESCOMBROS

De espalda a la pared
los locos crónicos son de natural pacífico
y muy conversadores

cargan con difusa dignidad a su difunto
que conocen bien
supervivientes póstumos del otro que fueron una vez
ilustres académicos de número
bailarinas eméritas
altos magistrados padres de la patria

un loco crónico
alza sus brazos para llamar al sol
y aunque viva perseguido de invisibles amenazas
enquistado tenaz en su rutina
puede sorprenderte con un don inesperado
multiplicar digamos mil quinientos doce
por tu matrícula de coche
y salir indemne del empeño
aunque lleve en el bolsillo una pinza de colgar

hay más categorías

tristes paranoicos
esquizofrénicos agudos
que cierran los ojos para que no les vean
histéricas con un destornillador entre los dientes

y luego estoy yo
tu bailarina emérita
de mantis religiosa en el altar vestida

y luego estás tú
a la pared pegado
mientras llega el enlace nupcial de la saliva.

LO MEJOR DE CADA CASA

Acéptame cartier niña swaroski te decía
escombro y jaramago salobre silicona
terraza con soda y mudo cabecero

pon en mi boca
tu lengua salgari adelantada
tigre que cruza mi desván
cañón de la discordia

desnúdame dior
viste mi pierna serie B con cinco estrellas
sonrisa baby doll para la gloria

convoca el apetito

tengo a los tártaros abajo
y un lírico gourmet aguarda en mi cocina.

VENCIDA EN TI ME RECONOZCO

Recuerdo los alfanjes canela de tus manos
allí donde el talle era primero

acuérdate
traías ceñido el cinturón presta la boca
y escueto prometiste faltar a tus promesas

acuérdate
cinco de agosto
los ojos de un cangrejo vigilando
el ancho mar de Rilke

por recordar recuerdo
las nueve estrellas lácteas
el día en que bailaron
desnudas conmigo entre las cañas

y te recuerdo hermoso
por limpio la escalera de tus dientes
por ancho tú como un tanzano antiguo

y me recuerdo hermosa
y me recuerdo hermosa

recuérdame te pido qué pasó luego
si por luego entendemos nuestro ahora.

QUE CUANTO ENTONES PEDÍ NUNCA SEA

El verdugo
es ahora tu mantis religiosa arrepentida
secundaria low cost de ojos colorados
en la celda pared del corazón

el cómplice
una minuta con pistola
que pronto calzará su caperuza
Caín en busca de su Abel y viceversa

y falta el teléfono a mi pulgar atado

un buen guion
añadiría ahora ese detalle
que impulsa la historia por otros derroteros

algo así como
interior noche
salita con jilguero y dos ventanas

en plano secuencia
Elvira mordisquea el labio de los besos
aparta el marfil articular de su teléfono
marca de nuevo

y un quiebro del corazón herido
ofrece al fondo musical

el trémolo impar que necesita

primer plano del jilguero indiferente
plano medio de un teléfono lejano
que en la guantera suena

sube la música
bajan los ojos de Elvira a su infortunio.

CON EL ABRIGO PUESTO

Todo acabó un martes a las diez de la mañana
limpio el pantalón de rayas diplomáticas
y una bufanda señorial por entrecejo

algo intuí al divisar su caperuza
y corto de reflejos no quise preguntar
por ese atuendo de matón extravagante

pocos calzan guantes sepia para servir el postre
pocos llevan en su lista de la compra
un nombre como el mío

a tocante cañón sonó el disparo
y por verte llegar caí despacio

tomaron fotos
precintaron de seda la vivienda
un adjunto despachó el lance con tres notas

de tiza mi contorno en la moqueta
de luto los títulos de crédito

de estreno tú
mi muy querida ausente viuda negra.

Confesión de parte

Yo estaba tranquilo al verme así
con un disparo en la cabeza

alguna ventaja tiene
esa cortedad de sentimientos
que da ser un perdedor

puedes mirar en abstracto a los caídos
explicar a quien te escucha
que somos un cóctel mineral
con un porcentaje elevadísimo de agua

pero vayamos a los hechos

salí al rellano disparó sin aviso
elegante acepté mi lobotomía punitiva
cayendo al vacío como un buzo

y ahora dos preguntas

por qué fue tan parco tu sicario
por qué no viniste al funeral
para soplar las velas.

Así DE BRUCES ESCUCHANDO

Cuando llegó el comisario Olvido
yo seguía en idéntica postura
silencio y labio compartiendo
dulces hilachas para empezar la noche
y cerca una farola de poco madrugar

recuerdo que calzaba tirantes ortopédicos
ojales por encima del pulmón
y un pulgar con tinta

atribulado por un caso a deshoras
fue perdiendo altura hasta encontrar la mía
y sin tocar el roto se entretuvo
como hace un colegial con su recreo

varón
mediana edad decúbito supino
diríase que plácido

cumplido su deber itinerante
alzó después los ojos
en busca del contrario y una pista

balcón
visillo parecido a una bandera
diríase que mudo

tú estabas dentro
lavándote las manos
enteramente tuya.

UNO SABE CUÁNDO LLEGA SU MOMENTO

Hay autopsias que empiezan bien muy bien
o regular

pero todas terminan con hilos de sutura
y lo mejor del candidato
flotando en un frasco de formol

por acortar la mía
de un tajo rebañaron esa víscera incompleta
que va del corazón a la corbata
antes del postre

no grité cuando el chirriante prosector
continuó su tarea cavernaria
y así las cosas me dejé llevar

bastante tienen ellos
trabajando a la hora del partido

bastante tú
novia de un día

volver a casa dormir vestida
y con gesto profiláctico
besar de nuestro amor la calavera.

EL VIAJE ES LO QUE IMPORTA

Vamos al Sena decidiste
sin apretar la boca

y yo acepté
pues siempre fuimos dos y somos uno

de camino
un antipático taxista
nos dio la noticia en pésimo francés

flotando indiferentes a la lluvia
dos jóvenes de edades parecidas a las nuestras
alcanzaban la rive gauche de madrugada

ella lucía el collar que te compré
en el duty free del aeropuerto
y pálido también en su abandono
él llevaba mis zapatos de tafilete oscuro

todo callaron cuando un bombero anónimo
encomendó sus cuerpos
con la urgencia eficaz del funcionario

ahogados de la mano
ajenos al desvarío azul de las sirenas
nuestros labios compartían un único deseo
que nadie supo descifrar

pero esa es otra historia
que segó mi descuido y tu pistola.

TITÁN CON PIES DE BAILARINA

Usted amanece recostado
en un diván antiguo
y observa primero la persiana
comprueba si el reloj tiene su siete
bosteza como un ganso
escucha en otra parte una bocina

y se levanta

usted tiene por delante
un aseo bucal
diez gramos de café
el postre de una ducha
y hambre suficiente para empuñar el día

a usted le asustan los atascos
y en un vagón de metro se recoge
con el silencio al cuello
atento a su interior que habla

se inquieta usted si le preguntan
qué fue del hijo que no tuvo
quien puso de rodillas su salario
por qué habla siempre de Nepal
como si fuera un bar

usted desconfía del alcohol acéptelo

y bebe por cuaresma un vino extraño
sin preguntar por el año de cosecha
ni conocer el suyo

usted tiene un bastón
una camisa triunfal para las bodas
un gato llamado Barrabás
y terco en su memoria

el chal que Manuela a pierna suelta deslizaba

paciente en su abandono
usted dice conocer
la oblicua dirección de su futuro

y cuando vuelve a casa
en el diván se acuna
indiferente a la música de Bach
los ojos tristes de Picasso

y al despertar Manuela.

TODO ACABÓ UN MARTES A LAS DIEZ DE LA MAÑANA

Con el abrigo puesto
ajeno en su traje de rayas diplomáticas
el candidato a todo y nada
dio un respingo al verle aparecer
fija la vista en su atuendo de matón extravagante
como el que observa al dejar el sanatorio
un surtido generoso de McDonald's

para un asunto así de poca monta
basta con suspender el codo
sonreír al contrario
dejar que los compases del hilo musical
hagan su estrago

un buen guion
añadiría ahora ese detalle
que impulsa la historia por otros derroteros

un fallo tal vez del ascensor
la brusca aparición de una vecina
el *válgame dios* de quien implora piedad
y la merece

algo así como
interior día
vestíbulo art decó

en plano general Martín avanza
al encuentro de Abel que indiferente
ladea un poco la cabeza
con el aire de quien duda
ante un puesto de hortalizas

baja la música
suben los ojos de Martín

en busca de un escorzo salvador
al descubrir el arma

pero usted sacia su hastío
y a tocante cañón sonó el disparo
para dar por cumplida la encomienda

plano medio de Abel
mirando a cámara

satisfecho
John Wayne limpiaría con cerveza sus espuelas.

USTED SABE QUE HAY MEDIA CENTÉSIMA
DEL PÁNICO AL INFIERNO

Dijo el trabalenguas
eres la suma de cuanto quisiste ser
y cuanto dices ser al panteón atado

dijo el diccionario
un accidente es la suma de muchos incidentes
don Abel

dijo la encía haciéndose cristal
bienaventuradas las curvas cocodrilo
porque de ellas será el teléfono que suena

dijo *ahora qué* el huérfano zapato

dijo el cocodrilo *perdón un incidente*
dijo el incidente *un accidente*
dijo la cuneta *bienvenido hermano.*

AVISO A NAVEGANTES

El lugar de los hechos
no es todavía el lugar de los hechos
tan calma noche transparente
tan grillo atareado en su colina

el verdugo
es un árbol que disfruta su baño lunar
mostrando al oscuro las enaguas

el cómplice
apenas lluvia que cumple a martillazos
su papel de lavandera

el arma del crimen
no es quién lo diría el arma de este crimen
es un teléfono con vocación de soga
que en la guantera suena

la víctima
un triste a dos manos que disfruta
con un grillo un volante
y con las curvas.

FIGURANTE CON FRASE

El árbol de dudosa filiación
escucha la congoja de una rueda
mueve en lo alto despeinada la cabeza

y triste torre a su raíz anclada
aparta por ayudar un hombro
dejando que fluya de sangre la resina

entero en su estatura
el árbol que paga sus impuestos
anota otra muesca en la culata
y vuelve a su mirar contemplativo
postal de copa savia y rama.

NO TODO ES LUZ EN LOS MERCADOS

Muy corta de pensión
la mosca que soñó con ser marquesa
celebrity quizás
aprieta el paso
que es como decir abre sus alas
levanta la trompeta
que es como decir prepara el tenedor

tierna papelina que otras desdeñaron
por extraviar las gafas
la mosca que en Dakar busca las bocas
disfruta su menú del día

que es como decir

rasante vuelo
piltrafa cuneta proteínas
rico azúcar en roja comisura.

CUADERNO DE RODAJE

Interior día
mesa funcional con escritor de atrezzo
sordo clamor de voces reclamando
una mención a pie de página

algo así como

la joven que hacia el sol camina
trae en sus labios un sudario
para sellar la paz
de vuelta cada uno a su pijama

el que hizo de la vida su despojo
mortal hasta la médula
vacía el monedero cuando exclama
demasiado cristal para esta piedra

por ser parte de la historia
el contable de saldo insuficiente
nada pide al comenzar la noche
todo espera al despuntar el día

en plano secuencia del dormitorio al baño
la catadora de ron en los entierros
deja su aliento sobre el vidrio
que un día fue su corazón

como quien dice
solo ama bien quien bien padece
como quien dijo
cada Caín tiene su Abel y viceversa

la mujer que así venida a más en menos
hizo de un disparo fantasía
despide en el espejo a su sicario
limpia con mentol el vano sueño

de una viuda potencial potestativa
que a su reproche vuelve

como quien dijo
yo estaba tranquilo al verme así
con un disparo en la cabeza

el que visita Women'Secrets
locuaz risueño impertinente
diríase que plácido en su fracaso extremo
suplica el impacto de una bala
para un final al portador
de dos que son y lo padecen

como quien dice
aparezco yo desaparece usted
¿cómo se llama la película?

el contable que durando se destruye
en los atascos pide

un Astra 22 de medio pelo
por salvar esos días malnacidos
que llegan observan suspiran
y se marchan

un buen guion
añadiría ahora ese detalle
que cierra la historia con cinco tenedores

interior noche
teclado Olivetti para escritor de atrezzo

en plano con otro encadenado
una mosca que quiso ser marquesa
una encía haciéndose cristal
un clarinete un azadón una jofaina

títulos de crédito
música que enlaza su tambor
con el cri cri de un grillo

rumor de pies que se descruzan
aleteo del alma
solar vacío.

ASOMADO A UN INSTANTE QUE NO ES TUYO

Y qué buscas tú pelma insolente
hablándonos de aquel que conociste
y era alto de nómina
en sus aciertos transitorio
en su corta victoria diez derrotas

dónde crees que vas
traducido tu pasmo a seis idiomas
hastiado el corazón

dónde
ingenuo predador de los tinteros
encontrarás tasada voz metro fonema

cómo buscar
el cauce que cuida tus harapos
y palpita insolente porque ama

cómo perder
por una piel de antes
la misma piel de siempre

por un regocijo
este semblante roedor de prohibiciones
en el negocio abominable de los versos

mintió quien te decía
que una laringe narradora
hace corto el luto y amable la memoria

mentirá el cielo en su estupor
mentirán los pechos resonantes
mentirán las dulces ligaduras

y esa tristeza de la ropa

pero es preciso indagar
es preciso indagar

solo así da su fruto
el vientre estéril de lo eterno.

Las razones del hombre delgado
(2020)

ENSAYO GENERAL CON VESTUARIO

Una mujer se observa cautelosa en el espejo
agoniza un anciano de espaldas a su banco
busca el poeta las sílabas precisas

busca el poeta las sílabas precisas
comienza a nevar y son las doce

comienza a nevar

suspira una mujer y son las doce
calla una mujer cuando repite
ahora soy la que dijeron

agoniza el alto mariscal del abandono
calla en su banco cuando dice
no fui el que pidieron

busca el poeta detrás de las cortinas
abre el poeta del sol los monederos
talla el poeta su impaciencia oscura

comienza a nevar

copos de a cinco uncidos por el viento
cumpliendo su destino

maldice el anciano *mírate*

sonríe la dama *mírame*
acecha el poeta *mírales*

comienza a nevar
desde la cuna al nicho.

El anciano que ha perdido la paciencia
aparta la urgencia de los tubos

deja al neón que palidezca

y en su butaca escucha
voces que mecen su blablá

corros cotorras en edad de merecer
severas advertencias del jugador de golf

final en soledad
que anuncia un negro pozo

el anciano que bien dijo
morir a los veinte pido
ser eterno

limpia de su nariz la sonda
tensa su arcabuz para el disparo

morir a los veinte pido

y así cierra los ojos
que un día fueron suyos

alboroto capilar de los pulmones
rumor con viento

ser eterno.

Y poco después
en un ritual falsamente alentador
ella se incorpora

un acercamiento podríamos decir
a cuanto fueron
casi tocando la inerte mano oscura

pero el cristal

movimiento de corto vuelo el suyo
pues nadie en sus cabales interrumpe
ese tránsito del alma

cuando cumplido el viaje
toca rendir cuentas a terceros
todos esperando con su hisopo

estoy aquí estoy aquí

estoy aquí estoy aquí
la inerte mano oscura.

en la insolente nada convocado

Sólo para mi muerte
esta nana muy al gusto del Gran Topo
turbio holgazán que hace de la sopa
lepra blanca

yo vengo de quien gusta
nacer en la saliva

leve como un sueño
limpio de afanes mi espinazo

piel en busca de otro traje
soy con el que fui mi cosa cierta
la vana profecía

y en noches de precisa soledad
dejándome pasar escucho
la quemazón del hueso cuando baila
su hondo malestar y su quebranto

vivo aquí
desabrochado el ceño
alcaraván con alzas
que reta a su contrario

aquí la tonta mueca
aquí su dedo impío

aquí la edad como una boca

de tal modo que lágrima y desdén
escriben con mi mano

y si desnudo nací desnudo sigo
a la espera de una cita con El Cuervo
para ocupar mi palco.

***

Aceptaré los signos
que anuncian su llegada

un caimán bajo contrato
los metales del agua
la lluvia que habla por el roto

presagios todos bienvenidos
todavía brocha en mano
ante el espejo

todavía el pantalón en su costura
todavía la honda consternación
de mi suplente

háblese ahora del dueño y su sombrero
de su lento mirar introspectivo
su pan prestado su célebre saludo

mano que altanera se despide
cerrad la caja por favor

desorden nasal de los pañuelos
caramelos de menta por favor

y bien sé qué empezará más tarde
cuando cese el irrisorio ondular
del paño que me cubre

el frío los abrazos la cortina
peticiones meritorias del oyente
voilà vuestra oración

en cuanto a lo demás no hay pena

sonó la flauta que convoca a misa
y yo mal que me pese
cumplido estoy del pozo al canto.

***

Ujier de los mendigos
jardín de cuerpo entero yo

así mi revocación
de esta pira que sustento

oscuro no mirar
del que un día contempló

la ondulante desazón del trigo
y ahora en su hambruna abandonado

súbita caída del cabello
destemplanza inguinal
pulgar mostrando su calvicie

y la silente inquietud
de aceptar en soledad
desvestido y con sed

la dieta que me hará
más triste

más sabio
y más delgado.

***

No es la soledad origen de esta arritmia
que en precisa majestad abarca
mi desnutrido hombro y su carcoma

para estar conmigo me pusieron
al abrigo de otro cielo más oscuro

y humilde aceptaré
el abrazo insalubre de la niebla
su tenebroso hondón y su miseria

pero ahora
que apenas soy
un pie de página en cursiva
un asunto general de poca monta

y la verdad de un colibrí es suficiente

polvo en boca expreso mi deseo
de salir por un instante al mundo
para salir del mundo

bastaría un hilo
un hilo de luz para volver

y volvería.

***

No hubo ceja admonitoria
ni suspiros ni gritos ni sollozos

tan sólo un tic sin tac en el reloj
cuando el habitante que fui
pasó a ser el habitado

no es lo mismo morir
a que te mueran

proclamé con viento a favor
como si no estuviera

no es lo mismo afirmo ahora
como si estuviera

habitar el cuerpo que te dieron
a ser habitado por las sombras.

DE TAL MANERA USTED EN CALIDAD DE OTRO

Imposible caer a lo más alto
para empezar de nuevo

acuérdese
usted que tanto escribió
cuando escribía

ahora que alzándote de nalgas
a un vacío sin fin te precipitan

hambrunas calamidades y flagelos
son quebrantos que no deben inquietarle

ni la sinrazón del clima
ni el hondo rugir de los abandonados

comprendo
que todo sea en su caso conjeturas

pero puedo ofrecerle
por calmar su impaciencia si prefiere

el primer fulgor de las tinieblas.

***

Cómo explicarle a usted
tan recién llegado con lo puesto
que esta nueva residencia
acogerá su estancia
con solvente discreción

usted merece lo mejor

del perdedor
la ira
del colegial
su limpia envergadura

y de los otros
esa mansedumbre
que preludia una traición
y su estocada

con todo lejos
aquí no hay saldos
que pidan una lágrima
ni antojos por cumplir

cómo decirle
que llega usted
caído entre sus piernas

y que tiempo habrá
para cubrir su soledad
con el triste rondó

de una plegaria.

****

Notará en los comienzos
un desplome maxilar
frío en el costado

y el borboteo
que todo adiós provoca

vendrá luego
signada ya de calamar la frente
una apatía de su lengua

la otra cara del miedo
que dejará en la suya
un aire a *dejá vu*

un *nos vemos a la vuelta*
por si hay vuelta

para pedir perdón no se demore

toca ahora descender
los peldaños que conducen
a su nueva residencia

paradoja
del cabalmente consumido

para ser al fin indestructible
dicen

caldo inmortal
veremos.

***

Liberado su cuerpo del extraño
que tanto a usted se parecía
despedirá frugal la vida en vilo
pernera costillar y codo
preguntando por su traje

con noble horizontalidad
sumido el cabello en su maraña
será usted visitado por quien lleva
de herramienta un tenedor

finja dormir
finja que finge dormir
finja que durmiendo finge dormir

en nada ayudará
su gesto de profundo desagrado

y ese empeño
por convocar al ánima

precisamente ahora
que empiezan con el frío
las rebajas.

***

Lo mágico
es su nueva condición definitiva

guarecido
usted es ahora
el vacío que su cuerpo ocupa

ignorado por ausente

hueco en el hueco
negra noche

usted.

NADA SE PARECE JAMÁS A LO PERDIDO

el verde camisón
los internos
que juegan a las damas
y era yo la dama

el aseo del cuarto y la lejía

la umbilical ternura
tu lento pecho insobornable
los quince cilicios del abdomen

lo que tengo que hacer
y no es morfina

un pájaro con miedo
mi enfermo favorito

***

uno más uno dos
menos uno
cero

he aquí la paradoja
cuando dos suman ninguno

álgebra afectiva

de quien un día
se despierta a oscuras

algo pasó
no se lo explican

y pierde
el dos que fue

constatación personal
del agujero negro
oculto el otro por un paño

tienes que comer
el tiempo lo cura casi todo

ahora no
cerrad la puerta

***

tú sabías
de estas cosas

y más de una vez
te sorprendí
apurando con la angustia
tu tabaco

caer oscuro
en un tiempo sin tiempo

suspirabas
como si no estuvieras

y ahora mírate

calladito
horizontal
y ventilado

***

casi dos años
sin noticias

y eso que duermo
en el buzón

no es lo mismo morir
a que te mueran

leíste con poca luz
en el casino

no sabíamos entonces
que hay muertos tristes
de pecho colorado

y días como hoy

la casa sin hacer
en huelga las sartenes
y el cartero subido a una disculpa

pero no importa

estás lejos
cada cosa a su tiempo

y tengo que lavarme la cabeza

*****

ella no sabía no podía
ella deseaba terminarse
entre todo nada y las pastillas

lexatin orfidal haloperidol

somos un cóctel mineral
dejaste escrito

con un porcentaje elevadísimo
de agua

con un porcentaje elevadísimo
de lágrimas

corrijo

y esa es mi historia

ACERCA DEL AUTOR

Rafael Soler (Valencia,1947) es poeta, reconocido y premiado narrador, profesor universitario y vicepresidente de la Asociación Colegial de Escritores de España (ACE) desde mayo 2015. Ha publicado seis novelas, y los libros de poesía *Los sitios interiores* (1980, accésit del Premio Juan Ramón Jiménez), *Maneras de volver* (2009), *Las cartas que debía* (2011), *Ácido almíbar* (2014, Premio de la Crítica Literaria Valenciana), *No eres nadie hasta que te disparan* (2016) y *Las razones del hombre delgado* (2021), así como las antologías *La vida en un puño* (2011), *Pie de página* (2012) y *Leer después de quemar* (2018). Su obra completa está recogida en *Vivir es un asunto personal* (2021). Ha sido invitado a leer sus poemas en más de quince países, y ha publicado obra en Bolivia, Ecuador, Honduras, Paraguay, Perú, Japón, Hungría, Francia, Italia y Rumanía. Algunos de sus libros han sido traducidos y publicados en francés, inglés, italiano, japonés, húngaro y rumano.

ABRAZOS

ANTONIO GAMONEDA (ESPAÑA)

He leído, en una incesante sucesión de asombros, *Las razones del hombre delgado*. Por si esperas que haga y te diga una síntesis, empezaré argumentando que, a mi innecesario juicio, se trata de la conciencia / contemplación de la muerte refractada por la vida. La muerte será la tuya –y la mía, cómo no–, debo suponer. Pero me importa mucho la manera, lúcida hasta deslumbrar, con que lo haces, y de ésta te digo que me parece haber leído una narración. ¿Una narración? Sí. De lo que eres y llevas contigo, que, pudiendo ser sólo narrable y narrado, trasparece con valor de invocaciones y símbolos, y éstos, simultáneamente, son relámpagos reveladores de sustancia poética. Para que esto ocurra, has liberado palabras cargadas con poderes surreales y las engarzas en una sintaxis también liberada hasta de puntuación. Por si fuera poco, has creado los que no son propiamente heterónimos y yo diré "falsos y necesarios poetas infiltrados". Un muy hermoso y arduo tejido.

DANTE MAFFIA (ITALIA)

Rafael Soler es uno de los más grandes poetas españoles por una razón muy sencilla: ha sabido caminar por la gran tradición de su país bebiendo de las atmósferas, los fuegos fatuos, las quimeras siempre dispuestas a tentarlo, pero nunca se rindió a ningún dominio, ningún amo. Rafael es él, con su entusiasmo, su cultura, sus paradojas y su deseo de vivir en la Palabra, enriqueciéndola con sus sueños, sus visiones, sus pérdidas, sus encantos, incluso su exceso de pasión. Rafael tiene el don de saber entrar en atmósferas dramáticas y trágicas con un pudor que tiene algo de intrigante, colocando al lector ante infinitas dudas. Su surrealismo experimental corre tras la paradoja y la imagen que serpentea intermitentemente hacia los cauces de la filosofía e incluso la teología.

Daría Rolland (Francia)

Los grandes burlones, los grandes amargos, los grandes escépticos y también los críticos, como Pascal, Montaigne, Schopenhauer o Vallejo, son los que nos enseñaron que ante la muerte todo es –o parece– irrisorio. Los mismos nos señalaron nuestros ridículos, vanidades, y necedades diversas, y casi de forma descarnada, nuestra desdichada condición. A todos ellos parece haber convocado Soler en su poemario que sin embargo es tan suyo, tan propio, tan inconfundible, con su estilo fulgurante, con su compasión y su acidez, con sus certeras cuchilladas a lo inane, sus arcabuzazos a nuestro corazón glacial, su festivo tiroteo que no deja títere con cabeza, en pos de más verdad, de más piedad, de menos vanidad, pues, también caerá, como todos, el chulito de *la chamarra de cuerina*. Y todos los mandamases habidos y por haber. Una verdadera *Vanitas*, que recuerda a las de los pintores barrocos de la Escuela de Sevilla.

GABRIEL CHÁVEZ CASAZOLA (BOLIVIA)

Con un exquisito despliegue de ironía que llega a roer —*canto de larvas*— el hueso del sarcasmo, Rafael Soler se toma la humana licencia de hablar, desnudo y sin mortaja, de la muerte y con ella, íntimamente incluso, en este libro, que si a primera vista semeja un lúdico y desopilante epitafio del propio autor y de todos los que compartimos *el vacío que* nuestro *cuerpo ocupa*, página a página va revelándose como una radical y gozosa afirmación de la existencia, del goce y del poder de la escritura para sobrevivirse y sobrevivirnos, *rescoldo que atesore el saldo* de los días.

A sus habituales lectores no nos extraña —aunque siempre nos sorprenda— la gallardía de Soler para hacer lances verbales al dolor, al vacío, al desencanto. Ahora, en *Las razones del hombre delgado*, da un paso más y acomete con elegante verónica a la mismísima Catrina, usando como capote la Verónica de su rostro y el nuestro, grabado ardiente del rastro de pavura que nos deshabita, justo allí donde *descender más al fondo / es imposible / y no hay hojalatero / que abra los precintos*. Salvo, con este nuevo libro, nuestro muy querido poeta.

IVÁN OÑATE (ECUADOR)

La imagen es magnética, poderosa. Un hombre armado con una brocha espera ante el espejo. Escalofrío. Desde este instante, no hay más allá ni más acá. Se borró todo límite. Vida y muerte no son más que dos nadas separadas por la nada de un espejo. Rafael Soler, siempre me pareció un poeta lúcido, inspirado, talentoso. Un poeta que permite leer en la nieve de las cenizas. Pero esta vez, el tema vino por él y se lo llevó a pisar la raya, el límite. Momento donde el moribundo estira el cuello y alcanza a ver el otro lado de las cosas: Poesía.

JAIME SILES (ESPAÑA)

La reunión de la poesía de un autor permite seguir todo su desarrollo, analizar los cambios y rumbos de su escritura, descubrir su sistema enunciativo y, cuando la tiene, comprender también su unidad de significación. La poesía de Rafael Soler la tiene, y tanta y en tan alto grado, que su obra poética es en realidad un solo libro articulado en diversas partes, con intertextualidades autorreferenciales entre sus distintas entregas, gravedad metafísica no exenta de ironía y humor, constantes guiños al lector y a sí mismo, y la delimitación de un territorio que –como uno de sus títulos– podría llamarse sus *Sitios interiores*, que lo incluyen a él tanto como a nosotros. La poesía de Rafael Soler es como el rumor del mar y el sonido de las detonaciones: todos asistimos a ella como la herida sinfonía que es.

JAVIER LOSTALÉ (ESPAÑA)

Subrayo algunas de las características predicables del conjunto de su obra poética, como son la trepanación del lenguaje, acompañada por la falta de puntuación y la creación de nuevos vocablos, lo que presta una intensidad poco común a la navegación interior realizada por cada poema; la dimensión de acto de conciencia que tiene su escritura; la memoria como núcleo vivificante; el tono a veces sentencioso y aforístico; los toques surrealistas y expresionistas; la utilización del oxímoron que le permite mediante la fusión de los opuestos abarcar la existencia desde diversos ángulos, sintetizar luces y sombras; un lenguaje embarazado de tiempo y espacio que alumbra imágenes poseedoras de una gran fisicidad, táctiles; la ironía y el humor; el distanciamiento para ver con mayor desnudez desde fuera lo que sucede dentro, distanciamiento que, paradójicamente, ayuda a que el poeta se incluya en el poema y llegue al tuétano de lo que desea transmitir. No deja tampoco Rafael de habitar el misterio. En cuanto a la urdimbre temática de su poesía está formada por prácticamente todos los hilos: el amor, el erotismo, la enfermedad, la muerte, el cuerpo, la piel como un relato, el paso del tiempo y el propio proceso de creación

Manuel Turégano (España)

Si tuviera que elegir una sola palabra que, como un puente seguro, uniera la vida y la poesía de Rafael Soler no lo dudaría y me quedaría con SEDUCCIÓN. **Rafael Soler es un seductor. Su poesía tiene como norte seducir al lector.**

Pero vivimos tiempos en que esta palabra se ha vuelto peligrosa y dada a pésimas interpretaciones. Incluso pesa sobre ella una cierta carga peyorativa. Al seductor se le tiene por persona falsa, engañosa, interesada e incluso perversa. Y es ahí donde el término no encajaría en absoluto ni con la figura ni con el ser social ni con la poesía de Soler, donde lo que respira es aquella ambición que un día confesó García Márquez como motor de su obra: "Que me quieran más". Soler tiene una presencia intimidante (que delata su otra raíz germánica), que él ha domesticado para hacer más grandes e intensos sus abrazos. Y de la misma forma que ha hermanado vida y bebida (creando la palabra "bibir"), hace que su poesía genere encuentros nada casuales donde el poeta tienta al mundo a revelar aquellos gestos e instantes en que podría funcionar la seducción.

Los títulos de sus poemarios ya son maniobras en esa dirección: "Los sitios interiores", "Maneras de volver", "No eres nadie hasta que te disparan", "Ácido almíbar", "Leer después de quemar", "Las razones del hombre delgado", "Vivir es un asunto personal"… Rafael Soler aborda el poema desde la absoluta soberanía del lenguaje y del yo: hay una voz que se expresa con absoluta libertad y que, a la vez, se entrega a la radical expresividad del lenguaje, sin ponerle trabas, sin eludir las palabras cotidianas, sin dejarse intimidar por cánones o normas que limiten o coarten su enunciación. Tanto si la voz es desgarrada como colérica, compasiva o enamorada, desesperada o feliz, tanto si el yo está perdido como si está eufórico, el verso surca la corriente de las palabras hasta encontrar el corazón del destinatario. No se trata de "entender", se trata de sentir, de vibrar, de sentirse alcanzado, preso, poseído. La palabra no es concepto, sino fuerza de la naturaleza. La idea viaja, en todo caso, en la bodega, mientras el barco afronta las turbulencias de un mar bravío, buscando un puerto donde el amor y la bebida ofrezcan merecido descanso al heroico navegante. La poesía como un acto apasionado, como un ejercicio supremo de seducción.

MARCO ANTONIO CAMPOS (MÉXICO)

Libro de cuando el reloj desdice la hora, cuando del árbol ha callado el follaje, del hombre que es uno y es varios y llega a su casa en la noche y empieza a escribir con valor y crudeza los versos de la despedida. Se acabaron "bourbon, canto y vida", el amor a la mujer que a la vez nos crea y nos destruye, y así es, y no hay queja y hasta luego, venimos como las sombras y nos vamos como las sombras. "De cuanto hice, poco sé", y el lector repite la línea melancólicamente como si lo hubieran dicho para él. De facilidad engañosa, *Las razones del hombre delgado* cuenta los hechos con un lenguaje sencillo y un complejo punto de vista. Libro del andar del tiempo y del tiempo andado, no sin perplejidad amarga e irónica, podemos concluir con Rafael Soler en la edad de los adioses: "Un *nos vemos a la vuelta/* por si hay vuelta". A menos que haya un hilo de luz por el cual volver. Si lo hay.

Raúl Zurita (Chile)

La singular y excepcional poesía de Rafael Soler alcanza en *Las razones del hombre delgado* un punto límite, de no retorno de su escritura y de una parte no menor de la poesía de hoy. Irónicos más allá de la ironía, puros más allá de toda pureza, paradojales más allá de toda paradoja, arrasados de humor, de soledad y de vida, estos poemas parecen surgidos de una lucha casi sobrehumana de sus palabras con el silencio. Más allá de cada línea de este libro, de su humor y de su melancolía, de su liviandad y de su abismo, estamos nosotros los lectores. Leo estos poemas y leo mi vida. Sí, creo que eso es parte, pero solo una parte, del triunfo y de la tristeza de la poesía de Rafael Soler, tengo 71 años y creo que es esto, nosotros somos los hermanos y las hermanas de ese hombre delgado que mira sus razones y luego la inmensidad del mar.

REMEDIOS SÁNCHEZ (ESPAÑA)

Rafael, poeta con la mano permanentemente tendida y el corazón abierto a la amistad, transita los márgenes con habilidad de equilibrista **y habla aquí con la muerte, de la muerte y desde la muerte.** Una temática espinosa que pocos –y pocas– se atreven a nombrar valientemente, sin miedo, con normalidad; el último Brines o Mariluz Escribano son dos ejemplos excepcionales: con el testamentario DONDE MUERE LA MUERTE el maestro de Oliva, y con poemas como "Cuando me vaya" o "Escribiré una carta para cinco", la andaluza. Ambos aceptan con serenidad la cercanía de la muerte, la nombran con naturalidad como parte del ciclo vital. Pero Rafael Soler da un paso más y, consciente como San Agustín o el Quevedo de "Muerte y entierro" de que "comienza a nevar / desde la cuna al nicho", **va al detalle de los instantes póstumos entrelazando reflexión e ironía**; así, con un lenguaje ausente de puntuación (cuando le interesa), jugando con mayúsculas y minúsculas con un posvanguardismo heredero de Huidobro o Vallejo, brillante desde su arquitectura atinada, dibuja desde el limbo ese proceso de separación alma-cuerpo y cómo la 'res cogitans' –en términos de Descartes– continúa su viaje de descubrimiento.

Por eso, una vez terminada mi lectura, yo también te voy a ser franca, Rafael. Tan directa y clara como **este poemario abisal, decisivo y rotundo para tu trayectoria creadora**. Ya puedo decir, en este mundo nuestro con pocas certezas claras, pero sin temor a equivocarme tu verso: **"usted perdurará"**. Porque tengo ese convencimiento.

ROLANDO KATTAN (HONDURAS)

Solo la poesía puede acercarse a la verdad. Solamente la lámpara del poeta enciende su llama en el misterio. Rafael Soler sabe y revela "que en otro altar escriben su destino" por su verso "muda a nube la montaña". Como lo afirmaba Cobo Borda "escribir es rezar de un modo diferente", por esa gracia, a mí, un lector de Soler, la poesía ha adelantado una última plegaria a mis labios: "Nómbrame y prometo hacer de lo escaso mi esperanza".

TEUCO CASTILLA (ARGENTINA)

En *Las razones del hombre delgado* Rafael Soler se vistió con su propia muerte, la vivió con la templanza que tienen los verdaderos poetas, los que saben atravesar los espejos. Y desde su otra vivísima dimensión, con un original abordaje, escribió este magnífico libro que abrirá una brecha en la poesía de habla española.

ÍNDICE

Demasiado cristal para esta piedra
(Antología personal)

Colección
PREMIO INTERNACIONAL DE POESÍA
NUEVA YORK POETRY PRESS

Colección
CUARTEL
Premios de poesía
(Homenaje a Clemencia Tariffa)

1
El hueso de los días
Camilo Restrepo Monsalve

-

V Premio Nacional de Poesía
Tomás Vargas Osorio

2
Habría que decir algo sobre las palabras
Juan Camilo Lee Penagos

-

V Premio Nacional de Poesía
Tomás Vargas Osorio

3
Viaje solar de un tren hacia la noche de Matachín (La eternidad a lomo de tren) /
Solar Journey of a Train Toward the Matachin Night (Eternity Riding on a Train)
Javier Alvarado

-

XV Premio Internacional de Poesía
Nicolás Guillén

4
Los países subterráneos
Damián Salguero Bastidas

-

V Premio Nacional de Poesía
Tomás Vargas Osorio

5
Las lágrimas de las cosas
Jeannette L. Clariond

-

Concurso Nacional de Poesía
Enriqueta Ochoa 2022

6
Los desiertos del hambre
Nicolás Peña Posada

-

V Premio Nacional de Poesía
Tomás Vargas Osorio

Colección
MEMORIA DE LA FIEBRE
Poesía feminista
(Homenaje a Carilda Oliver Labra)

1
Bitácora de mujeres extrañas
Esther M. García

2
Una jacaranda en medio del patio
Zel Cabrera

3
Erótica maldita / Cursed Erotica
María Bonilla

4
Afrodita anochecida
Arabella Salaverry

5
Zurda
Nidia Marina González Vásquez

Colección
PIEDRA DE LA LOCURA
Antologías personales
(Homenaje a Alejandra Pizarnik)

1
Colección Particular
Juan Carlos Olivas

2
Kafka en la aldea de la hipnosis
Javier Alvarado

3
Memoria incendiada
Homero Carvalho Oliva

4
Ritual de la memoria
Waldo Leyva

5
Poemas del reencuentro
Julieta Dobles

6
El fuego azul de los inviernos
Xavier Oquendo Troncoso

7
Hipótesis del sueño
Miguel Falquez Certain

8
Una brisa, una vez
Ricardo Yáñez

9
Sumario de los ciegos
Francisco Trejo

10
A cada bosque sus hojas al viento
Hugo Mujica

11
Espuma rota
María Palitachi (Farazdel)

Colección
MUSEO SALVAJE
Poesía latinoamericana
(Homenaje a Olga Orozco)

Colección
TRÁNSITO DE FUEGO
Poesía centroamericana y mexicana
(Homenaje a Eunice Odio)

1
41 meses en pausa
Rebeca Bolaños Cubillo

2
La infancia es una película de culto
Dennis Ávila

3
Luces
Marianela Tortós Albán

4
La voz que duerme entre las piedras
Luis Esteban Rodríguez Romero

5
Solo
César Angulo Navarro

6
Échele miel
Cristopher Montero Corrales

7
La quinta esquina del cuadrilátero
Paola Valverde

8
Profecía de los trenes y los almendros muertos
Marco Aguilar

9
El diablo vuelve a casa
Randall Roque

10
Intimidades / Intimacies
Odeth Osorio Orduña

11
Sinfonía del ayer
Carlos Enrique Rivera Chacón

✂

Colección
LABIOS EN LLAMAS
Poesía emergente
(Homenaje a Lydia Dávila)

Colección
SOBREVIVO
Poesía social
(Homenaje a Claribel Alegría)

1
#@nicaragüita
María Palitachi

2
Cartas desde América
Ángel García Núñez

3
La edad oscura / As Seen by Night
Violeta Orozco

4
Guerra muda
Eduardo Fonseca

❦

Colección
VÍSPERA DEL SUEÑO
Poesía de migrantes en EE.UU.
(Homenaje a Aida Cartagena Portalatín)

1
Después de la lluvia / After the rain
Yrene Santos

2
Lejano cuerpo
Franky De Varona

3
Silencio diario
Rafael Toni Badía

4
La eternidad del instante / The Eternity of the Instant
Nikelma Nina

Colección
MUNDO DEL REVÉS
Poesía infantil
(Homenaje a María Elena Walsh)

1
Amor completo como un esqueleto
Minor Arias Uva

2
La joven ombú
Marisa Russo

�֍

Colección
VEINTE SURCOS
Antologías colectivas
(Homenaje a Julia de Burgos)

Antología 2020 / Anthology 2020
Ocho poetas hispanounidenses / Eight Hispanic American Poets
Luis Alberto Ambroggio
Compilador

✷

Colección
PROYECTO VOCES
Antologías colectivas

María Farazdel (Palitachi)
Compiladora

Voces del café

Voces de caramelo / Cotton Candy Voices

Voces de América Latina I

Voces de América Latina II

Para los que piensan, como Octavio Paz, que la "poesía es la unión de dos palabras que uno nunca supuso que pudieran juntarse", este libro se terminó de imprimir en el mes de marzo de 2022 en los Estados Unidos de América.

www.ingramcontent.com/pod-product-compliance
Lightning Source LLC
Chambersburg PA
CBHW021401090426
42742CB00009B/953